ALCIBIADE

COMÉDIE EN UN ACTE ET EN VERS

PAR

ALFRED CLAUDEL

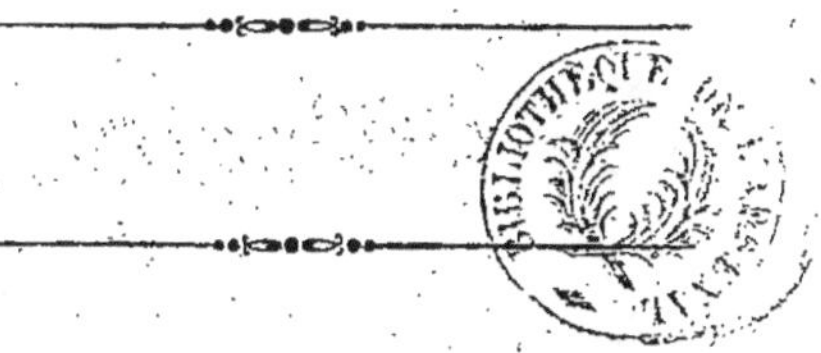

ÉPINAL

PINOT ET SAGAIRE, IMPRIMEURS-LIBRAIRES

1864

26,440

GD
26440

ERRATA.

				AU LIEU DE :	LISEZ :
Page	3,	vers 20,		l'horison	l'horizon
—	4,	— 12,	—	résonne,	— raisonne,
—	7,	— 17,	—	oublira	— oubliera
—	8,	— 20,	—	socrate !	— Socrate !
—	14,	— 5,	—	la redit	— l'a redit
—	16,	— 9,	—	Sont rentrées dans	— Ont regagné
—	23,	en tête de la page, après le titre courant,			— ALCIBIADE.
—	26,	vers 2, AU LIEU DE :		Vierge	— vierge
—	27,	— 3,	—	monter	— Monter
—	28,	— 2,	—	satisfait, —	— satisfait. —
—	29,	— 10,	—	sais	— sait
—	29,	— 6,	—	couleur	— couleurs :
—	31,	— 7,	—	veux	— veut
—	34,	— 7.	—	n'est	— n'es

Hommage de l'auteur à
Mme George Sand

Alfred Vandal

Épinal 8bre 1864

ALCIBIADE

ÉPINAL

IMPRIMERIE DE PINOT ET SAGAIRE.

ALCIBIADE

COMÉDIE EN UN ACTE ET EN VERS

PAR

ALFRED CLAUDEL

Prix 1 fr. 50

ÉPINAL

PINOT ET SAGAIRE, IMPRIMEURS-LIBRAIRES

—

1864

A Monsieur le docteur Berher.

Je crains bien, mon cher Docteur, que cet essai de comédie, que ce petit pastiche ne soit pas digne de vous être offert. Ne le recevez que comme un témoignage de reconnaissance.

Les encouragements sont rares, les conseils éclairés le sont plus encore : la science n'est pas seulement votre domaine, vous savez y joindre, par un rare privilége, l'amour et le goût des lettres, et c'est une bonne fortune de vous avoir pour juge.

En associant ici, dans ma pensée et dans ma gratitude, le nom de quelques amis au vôtre, je vous prie donc d'agréer l'hommage de cette bluette, et de croire surtout à ma sympathie la plus vive.

Alfred CLAUDEL.

PERSONNAGES.

ALCIBIADE.

TISIAS,
PHÉAX, } amis d'Alcibiade.

TIMON, rival d'Alcibiade, son ancien ami.

LAIS, maîtresse d'Alcibiade.

HIPPARÈTE, jeune grecque.

ESCLAVES.

La scène se passe à Athènes, en 430 avant Jésus-Christ.

ALCIBIADE.

SCÈNE PREMIÈRE.

TISIAS, PHÉAX.

TISIAS.

Le saurais-tu, Phéax, qu'a donc Alcibiade ?
Il est triste et chagrin.

PHÉAX.

        Peut-être est-il malade.

TISIAS.

Malade ? — De sa vie il ne s'est mieux porté ;
Lui-même il en convient.

PHÉAX.

        Peut-être il a jeté
Un osselet fâcheux pour le fond de sa bourse.

TISIAS.

De cette sombre humeur, non ce n'est pas la source.
Lui ! serait malheureux pour un motif d'argent ?
Ah ! ce doute, Phéax, est trop désobligeant.

Son esprit est plus large ; et Périclès lui-même
Sur un pareil chagrin lancerait anathème.
L'oncle se souvient trop de ses pertes de jeu
Pour ne point pardonner ce crime à son neveu,
Et ne pas ramener, par les eaux du Pactole,
Cet or, espoir trompeur de notre âme frivole.
Non, ce n'est pas le jeu. Que serait-ce ?

PHÉAX

        D'abord,
Faire d'un philosophe un ami, c'est un tort
Des plus graves pour moi : ce Socrate l'obsède.
Il lui faudrait, vois-tu, comme premier remède
Rompre cette amitié. Bacchus continuera
L'heureuse guérison ; Vénus l'achèvera.
— Infaillibles moyens.

TISIAS.

       Vénus ? — Si c'était elle
Qui causàt aujourd'hui cette peine cruelle ?

PHÉAX.

Laïs a-t-elle pris quelque nouvel amant ?
Mais Lydé, mais Thaïs au sourire charmant,
Peuvent le consoler.

TISIAS.

A le voir, à l'entendre,
Pour toutes ces beautés il n'a rien de bien tendre ;
Ces amours que l'on cache et qu'on a mis à prix,
Ce facile bonheur excitent son mépris.

PHÉAX.

Son mépris? — Par Hercule! à sa phrase il ajuste
Un mot qui sonne mal, une épithète injuste.
Du mépris pour Laïs, Aspasie ou Phryné?
C'est insulter Vénus! — Quel sort plus fortuné
Que de voir réunis à la beauté des Graces
L'esprit et l'entretien d'une Muse? Les Thraces,
Dans leurs antres qu'éclaire un soleil incertain,
Pourraient seuls méconnaître un semblable destin.
Du mépris pour Laïs!... C'est d'une âme insensée!
— Nos femmes qu'on enferme au fond du gynécée,
Que leur a-t-on appris?... Renouer un peplum,
De leur vaste savoir voilà le maximum.
Est-ce ainsi, Tisias, qu'on charme, qu'on fascine?
Puis, si nous ajoutons les travaux de Lucine,
L'esclave à surveiller, les soins de la maison,
La liste est terminée. — Et voilà l'horison
Des plaisirs qu'on nous offre! Ah! c'est à se morfondre.

TISIAS.

J'entends Alcibiade, il pourra te répondre.

SCÈNE II.

LES MÊMES, ALCIBIADE.

ALCIBIADE, avec ironie.

Laïs n'est pas venue? — Il sied à la beauté
De retarder un peu ce moment souhaité
Où nous venons, vaincus, adorer la puissance
Que l'esprit désavoue — et que le cœur encense !
Peut-on payer trop cher des instants aussi doux?
Ce sont des dieux amis qui les ont faits pour nous.

PHÉAX.

Quel nuage obscurcit le front d'Alcibiade?
— Ah! tu viens d'essuyer encore une bourrade
De ce sage ennuyeux, de ce triste ergoteur
Qui voudrait t'élever jusques à sa hauteur;
De ce fou qui résonne, et dont l'âme est ravie.
L'orsqu'il peut inspirer le dégoût de la vie.
Il serait temps de fuir cette société;
C'est malsain pour l'amour, les jeux et la gaîté.
Je préfère, je crois, lorsque je l'envisage,
Le masque de Momus à ce triste visage.

ALCIBIADE.

Pour fuir un philosophe, échapper à ses fers,
J'irais sans m'arrêter jusqu'au fond des enfers.
— Ami, reviens à nous.

ALCIBIADE.

                    Me suis-je fait attendre
Pour accourir vers vous, vous voir et vous entendre,
Me ranger sous vos lois? Vos généreux avis,
Vos conseils obligeants, les ai-je ou non suivis?
Mais cessez d'accuser mon bienfaiteur, mon maître,
Mon ami dévoué, — mon seul ami peut-être.

TISIAS.

C'est mal, Alcibiade.

ALCIBIADE.

                    Oui, ce serait à nous
D'exalter ses vertus, d'en parler à genoux.
Les Dieux sont pour Socrate, — et votre voix l'accuse!
Bannissez, de ce jour, l'erreur qui vous abuse :
A Socrate jamais n'attribuez l'affront
D'apporter la tristesse un instant sur mon front;
Car c'est sa douce voix qui vient comme un dictame
Me rendre le repos et rafraîchir mon âme.
A tant de majesté, de force, de grandeur,

ALCIBIADE.

Moi, je sens se calmer cette fatale ardeur
Qui m'entraîne toujours, me domine, me brave,
Et me fait obéir ainsi qu'un vil esclave.
C'est lui qui me retrempe et redonne à mon cœur
Une force nouvelle, un instant de vigueur...
Et c'est vous, mes amis, qui mettez du courage
A saper l'édifice, à détruire l'ouvrage.
Ceux qu'il faut accuser, — c'est vous seuls.

PHÉAX.

                        Quel forfait
Avons-nous accompli? Parle, qu'avons-nous fait?
Faut-il, si nous suivons une route fleurie,
Ayant pris pour flambeau le plaisir, qu'on nous crie
Anathème, et qu'enfin pour ce crime odieux
On appelle sur nous la colère des Dieux?
La rose n'a qu'un jour à briller sur sa tige ;
Aussi le papillon qui sur elle voltige,
Pour venir s'y poser n'attend pas à demain,
— Il la retrouverait moins belle en son chemin ;
Mais profitant de l'heure, il boit avec délice
Le nectar qu'elle enferme au fond de son calice.
— Et nous, qui nous voyons au printemps de nos jours,
Comme le papillon nous voltigeons toujours...
Et nous aimons les fleurs, et, sur chacune d'elles,
Légers, nous promenons nos regards infidèles...

Est-ce à nous de songer à l'avenir lointain?
La mère des Amours qui commande au Destin,
Fit les choses ainsi. — Que la triste vieillesse
Se range sous les lois de l'austère sagesse.
— Pour nous, cueillons les jours!

TISIAS.

                Où chercher ici-bas
Un mortel plus heureux? on n'en trouverait pas.
Il a reçu du ciel et fortune et naissance :
Aujourd'hui le plaisir et demain la puissance!
La nature l'a fait aussi beau qu'Apollon;
On le voit du bonheur gravir chaque échelon.
Que manque-t-il encor pour combler son ivresse?
Ne possède-t-il pas la plus belle maîtresse?
Et pourtant il se plaint! il accuse le sort!
— Sans doute qu'en secret il demande à la mort
De venir terminer cette existence affreuse :
Au delà du tombeau la vie est plus heureuse,
Il oubliera ses maux dans les eaux du Léthé...

PHÉAX, à part.

Je soupçonne Laïs d'une infidélité.

ALCIBIADE.

Vous parlez d'avenir, vous parlez de puissance ;

A qui donc l'avenir? en a-t-on connaissance?
Notre espoir est un leurre, et les Parques, là haut,
En se riant de nous le détruisent bientôt.
Et quant à vos plaisirs — la coupe en est amère!
Pourquoi n'ai-je pas cru ce que ma dit ma mère!…
— Filles d'Achéloüs, dont le chant est si doux,
L'imprudent voyageur est attiré vers vous ;
Il vous suit, il descend jusqu'aux grottes profondes,
Et trouve le trépas dans vos perfides ondes.
Pour nous, dupes aussi, qui cherchons le bonheur,…
Fraîches illusions, candeur, croyance, honneur,
Nous sacrifions tout aux nouvelles Sirènes
Que nous nommons, hélas! nos maîtresses, nos reines!
— Que ne puis-je arracher, déchirer ce bandeau
Qui m'obscurcit la vue!… Inutile fardeau,
De mon poids odieux je fatigue la terre!
Ai-je rien accompli? — L'imposant caractère
D'interroger le sort, les osselets en main,
Et d'admirer Laïs!… quel effort surhumain!
— O socrate! quel Dieu te suggéra l'idée
De me sauver la vie aux champs de Potidée?
Sous le fer meurtrier couché parmi les morts,
J'évitais les regrets, j'échappais aux remords…
Et j'existe aujourd'hui !

PHÉAX, à part.

Malgré tout je persiste

A penser que Laïs a couché sur sa liste
Un nom de plus.

TISIAS.

                    Il est un plus noble plaisir
Fait pour Alcibiade, et qu'il lui faut choisir,
J'en conviens. Parmi nous sa place est la première ;
Qu'il s'en empare donc ! la gloire est la lumière
Qui conduira ses pas : général, orateur,
Il peut tout. Il sera le principal acteur
Du grand drame joué par notre république.
A ce rôle important que sans cesse il s'applique.
Que veut Sparte d'abord ? creuser notre cercueil ;
Il faut la châtier, rabaisser son orgueil.
Après cette justice il te sera facile
D'aller sur des vaisseaux conquérir la Sicile...
D'un complot chaque jour prévenir l'attentat,
Soutenir la splendeur, la gloire de l'État,
Du haut de la tribune en marquer la puissance,
Quel sublime destin ! quelle magnificence !
— Digne enfin du neveu de Périclès.

ALCIBIADE.

                              Assez !
Ne trouble plus mon cœur de rêves insensés.
Tout mon être frémit à ce seul mot de gloire.

Et je n'ose y songer, et je ne puis y croire.
Mais c'est en vain pourtant que mon esprit le fuit,
Ce mot revient sans cesse, et le jour et la nuit ;
Il est là, — je ne puis le chasser de ma lèvre,
Il faut le murmurer dans un frisson de fièvre.
— La gloire!... c'est-à-dire illustrer son pays,
L'environner d'éclat, vaincre ses ennemis,
Aller porter son joug chez les peuples sauvages,
Aborder, explorer les plus lointains rivages ;
Voir le triomphe après de pénibles travaux,
Et revoler ensuite à des exploits nouveaux...
O mes amis, voilà le destin que j'envie :
Vivre obscur, c'est la mort; — la gloire, c'est la vie!
Enfin après la guerre et ses nombreux hasards,
En paix je fais fleurir les lettres, les beaux arts...
Ce n'est qu'un rêve, hélas! — mais dans mes insomnies
Je vois autour de moi les talents, les génies,
Artistes, écrivains de toutes parts surgir,
Et ma gloire avec eux chaque jour s'élargir...
O Dieux!

TISIAS.

J'entends Laïs.

PHÉAX.

Son aimable héroïne.

ALCIBIADE.

J'aimerais mieux, je crois, voir entrer Proserpine.
Laissez-moi, je vous prie ; il faut que par ma voix,
Pour quelle s'en souvienne, elle apprenne une fois
Tout le prix qu'elle vaut.

Tisias et Phéax sortent.

SCÈNE III.

ALCIBIADE, LAIS.

LAIS

       Ce n'est pas ma présence
Qui chasse vos amis ?

ALCIBIADE.

       Non ; c'est par complaisance
Qu'ils se sont éloignés. — Je voulais seul ici
Entretenir Laïs.

LAIS

       Quel chagrin, quel souci
Vous donnent aujourd'hui cette parole amère ?

ALCIBIADE.

Aujourd'hui, dites-vous ! — Il n'est pas éphémère

Ce souci trop cruel... Laïs, séparons-nous,
Il le faut.

LAIS.

Dieux puissants !

ALCIBIADE.

Il le faut !

LAIS.

Qu'avez-vous ?
Que vous ai-je donc fait ? parlez, je vous en prie.

ALCIBIADE.

Ce que vous m'avez fait ? quand mon âme est flétrie,
Lorsqu'elle s'est usée aux infâmes loisirs
Que bien injustement on nomme nos plaisirs ;
Ce que vous m'avez fait ? quand je vois ma jeunesse
S'avilir jusqu'au point qu'elle se méconnaisse,
Se plonger, inutile, en un honteux repos,
Au milieu des chansons et des légers propos ;
Ce que vous m'avez fait ? — vous m'avez pris ma vie,
Mon avenir, mon âme à ce joug asservie ;
— Vous m'avez rendu lâche !

LAIS.

Il faut se résigner : .

Je vous ai fait souffrir?... je vais donc m'éloigner :
J'obéirai, seigneur. — Mais devais-je m'attendre
A signer mon exil? hélas! à vous entendre
Me l'annoncer vous-même? — Enfin soyez heureux!
Je bénis à ce prix mon sort trop rigoureux ;
— Que mes pleurs soient féconds!

ALCIBIADE.

                    Lorsqu'on se sacrifie,
Et qu'à la foi jurée un instant l'on se fie,
Pour prix de son amour et de sa loyauté
On n'a que perfidie et qu'infidélité!
Voilà...

LAIS.

Qu'avez-vous dit? — Ici je vous arrête.
Oui, dussé-je en mourir, à l'instant j'étais prête
A m'éloigner de vous, à cesser de vous voir ;
L'amour que je ressens m'imposait ce devoir,
— C'était votre repos. J'étouffais toute plainte :
La douleur, les tourments, je les voyais sans crainte,
Et je me résignais à mon triste avenir,
Car je l'aurais rempli de votre souvenir...
Mais si de mon départ l'heure fatale approche,
Je ne puis emporter cet injuste reproche :
Il rendrait mon exil, hélas trop douloureux...

Ce mot est bien cruel... ah ! soyez généreux,
Effacez-le, seigneur.

ALCIBIADE.

                        Mais Timon sur sa face
Me le rappellera, ce mot, si je l'efface ;
Déjà son air railleur, mieux que n'eût fait sa voix,
Aux temples, en tous lieux me la redit cent fois ;
Et je lis ces trois mots : — Laïs est infidèle
Dans les yeux de Timon lorsqu'ils me parlent d'elle.
— Vous me trompiez.

LAIS.

                    Timon ! — vous avez dit Timon !
Et voilà ce rival dont vous craignez le nom !
Ah ! je sens que mon cœur plus librement respire...
Quoi ! vraiment, c'est Timon dont le fatal empire
Détruit votre bonheur ? — Ce conte est très-plaisant.
Ce Timon, vous pouvez le trouver amusant,
Mais dangereux, non pas, car sa sotte figure
Pour l'amour, voyez-vous, est de fâcheux augure.
Timon, — mais c'est un fat sans cœur et sans esprit :
Au livre du Destin d'ici je vois écrit
Que Timon est de ceux qu'une femme déteste ;
Par Mercure, son Dieu, devant vous je l'atteste.
Lui ! — je le hais, seigneur.

ALCIBIADE.

Laïs, il se pourrait!
Tu me trompes encor...

LAIS.

Quoi! ma voix mentirait
Quand je songe aux bienfaits dont vous m'avez comblée.
Des Ménades alors la troupe rassemblée
Serait aux yeux de tous moins horrible que moi.
Lorsque de la douleur vous subissez la loi,
J'emploierais le mensonge!... ah! seigneur, je le jure,
Si je me reprochais une pareille injure,
Vous faisant de mon crime un sincère abandon,
J'aurais à vos genoux imploré mon pardon...
Mais au nom de l'amour si doux qui nous rassemble,
Au nom de ce bonheur que nous goûtons ensemble,
Bannissez tout soupçon, rendez à votre cœur
Le repos qu'il perdait...

ALCIBIADE

Quel est le Dieu moqueur
Qui surprendrait ainsi toute ma confiance,
Abuserait mon âme avide de croyance
En te donnant, Laïs, ce ton de vérité?
Je dois croire et je crois à ta sincérité :
Je serais trop trahi, — tu serais trop infâme...

LAIS.

Regardez-moi, de grace ! ai-je l'air d'une femme
Qui ment et qui trahit?... Epargnez-m'en l'affront.
La rougeur, n'est-ce pas, irait droit à mon front?...
Je n'aurais pas ce calme et cet air d'assurance...
— Regardez-moi !

ALCIBIADE.

Laïs, quelle amère souffrance
Tu m'ôtes à l'instant !... Merci... je me trompais !...
Je vis, je suis heureux !... La douceur et la paix
Sont rentrées dans mon cœur !

LAIS. Elle appuie ses deux mains sur l'épaule d'Alcibiade.

Quelle sotte bravade
De vouloir m'enlever mon cher Alcibiade —
Aussi brave que Mars, beau comme Endymion !
Ce Timon, je le hais ! ce grossier histrion —
Laid comme un faune...

ALCIBIADE , avec gaîté.

Oh ! ça... si ce n'est des deux cornes,
Le portrait est exact.

LAIS.

Aux yeux vitreux et mornes...

ALCIBIADE.

Éraillés!...

LAIS.

Au front bas...

ALCIBIADE.

Je crois bien! — Et ridé!

LAIS.

Une épaule trop haute...

ALCIBIADE.

Un crâne dénudé!

LAIS.

Tandis qu'Alcibiade...

ALCIBIADE.

Ah! taisez-vous, flatteuse.

LAIS

Flatteuse? — non ce mot, mais dites vaniteuse,.....
De toi!

ALCIBIADE.

Chère Laïs!

LAIS.

Tu te souviens du jour
Où tu vins par hasard dans ce riant séjour
Du temple de Vénus? Sous le nouveau feuillage
L'oiseau chantait déjà; le myrthe au doux ombrage,
La verdure, les fleurs, tout riait au printemps...
Tu parus..... je crus voir Éros à dix-huit ans!

ALCIBIADE.

Avais-je son carquois?

LAIS.

Ce fut l'heure première
Où je sentis mon cœur inondé de lumière;
Et je remerciais tout bas le Dieu du jour,
Puisqu'il m'offrait ta vue — en me donnant l'amour.
— Tu t'en souviens?

ALCIBIADE.

Et moi, je crus dans mon ivresse
Rencontrer une jeune et belle chasseresse,
Qui, suivant la gazelle ou le cerf aux abois,
Se trouvait éloignée, égarée en ce bois,
Et qu'appelait en vain du sommet des montagnes
Diane qui rassemble et cherche ses compagnes...

LAIS.

Ce lieu cher à Vénus, hélas! devint fatal
A cette chasseresse. — Est-ce là l'air natal
De la chaste Diane? — ah! celui qu'on respire
Fait que le cœur palpite et que la voix soupire...

ALCIBIADE.

Est-ce un regret, Laïs?

LAIS.

                    Non; — c'est un souvenir
Que je veux conserver toujours pour le bénir.

ALCIBIADE.

Toujours... Laïs?

LAIS.

                    Toujours!

ALCIBIADE.

                    Comme Laïs est belle!
Que mon âme au bonheur cesse d'être rebelle :
Je veux, la coupe en main, célébrer ce beau jour
Qui ramène à ma vie et la joie et l'amour!
Ce temple de Vénus chargé de nos offrandes,
Nous l'ornerons encor de fleurs et de guirlandes...

Il n'est rien ici-bas que les ris et les jeux ;
La sagesse ne plaît qu'à des Dieux ombrageux ;
Le plaisir est toujours la loi douce et féconde
Qui conduit les mortels, et qui régit le monde.
Chantons l'heure facile et l'aimable gaîté,
Les beaux yeux de Laïs, — chantons la volupté !

LAIS.

Si l'on vous entendait... Mais l'heure fuit rapide.

ALCIBIADE.

Pourra-t-elle sans toi couler aussi limpide ?
Tu veux partir, Laïs ?

LAIS.

                J'ai donné rendez-vous
A Lydé de Mégare.

ALCIBIADE.

              Eh ! bien, je suis jaloux
De la belle Lydé. — Voilà qu'à tire-d'aile
Tout mon amour s'envole.

LAIS.

             Il reviendra fidèle.
— Mon bel Alcibiade, à bientôt ; au revoir.

ALCIBIADE.

Pensez à moi, Laïs.

LAIS.

Oh ! de tout mon pouvoir.

Laïs sort.

SCÈNE IV.

ALCIBIADE, seul.

Et moi qui l'accusais !... douce et charmante fille !
Que de vivacité dans son œil noir qui brille,
Que de grace et d'esprit ! — Et je l'ai fait pleurer !...
Ingrat !... ah ! dès ce jour, que je vais l'adorer !
Je veux...

SCÈNE V.

ALCIBIADE, TISIAS.

ALCIBIADE.

Viens, Tisias, viens partager ma joie :
D'un injuste soupçon mon âme était la proie.

TISIAS, à part.

Phéax avait raison.

ALCIBIADE.

     Ami, je fus cruel,
Et je veux m'adresser un reproche éternel :
Cette pauvre Laïs... je l'accusais !

TISIAS, à part.

       Et dire
Que l'esprit le plus grand peut avoir ce délire!

ALCIBIADE.

Moi, je la soupçonnais de lâche trahison !

TISIAS.

Mais elle sut bientôt le rendre à la raison ?

À part.

— O ruses de la femme !

ALCIBIADE.

     A son regard si tendre,
Aux accents doux et purs qu'elle me fit entendre
Je fus ému d'abord, ensuite convaincu.

TISIAS, à part.

Pour avoir été sourd — que n'a-t-il plus vécu !

J'ai senti que mon cœur plein de joie et d'ivresse
Revenait au pouvoir de sa belle maîtresse.
— Tisias, j'ai surpris des larmes dans ses yeux...

TISIAS, à part.

Le crocodile pleure et n'émeut point les Dieux.

Haut.

Mais ces grands sentiments que d'une âme charmée
J'écoutais tout à l'heure, ils s'en vont en fumée :
— « Filles d'Acheloüs, dont le chant est si doux,
L'imprudent voyageur est attiré vers vous... »

ALCIBIADE.

Laïs est, n'est-ce pas, la plus belle d'Athènes ?

TISIAS.

Les Laïs, pour ma part, se comptent par centaines.

À part.

Le voilà donc repris par cette passion :
Laïs est un obstacle à notre ambition,
— Il faut l'en détacher.

Haut.

Pour moi je ne puis croire
Qu'on oublie à ce point le souci de sa gloire.
Qu'Alcibiade enfin sache former des vœux
Plus dignes...

ALCIBIADE.

Tisias, qu'elle a de beaux cheveux !
Que de science et d'art quand ses mains gracieuses
Ont recouvert son col de leurs boucles soyeuses !
— Comme ils tombent flottants !

TISIAS.

                    Mais c'est une prison
L'amour !... on est captif, on n'a plus d'horizon.
Oubliant le chemin des hautes destinées,
On se voue au repos, les deux mains enchaînées :
Esclavage fatal, puisque le prisonnier,
Amoureux de sa chaîne, est toujours le dernier
A la briser.

ALCIBIADE.

        Laïs, que ta lèvre est vermeille,
Et comme elle s'entr'ouvre alors que tu sommeille,
Et qu'un rêve t'emporte, un rêve de seize ans :
Telle s'épanouit au souffle du printemps
Une rose...

TISIAS, à part.

Je tiens pourtant certaine preuve ,...
Et si je ne craignais une trop rude épreuve...
Attendons.

Haut.

                N'est-il pas un remède certain
Qui pourrait te guérir et fixer ton destin?
Contre les passions et la fougue de l'âge
Ce remède efficace est dans le mariage ;
— C'est l'ancre de salut.

ALCIBIADE.

                    Tu sais bien, Tisias,
Qu'après l'enlèvement d'Hélène, Ménélas
Ne pouvait supporter le fardeau de la vie ;
Et tu veux que Laïs, à moi, me soit ravie?
Qu'à jamais séparés... comme en ces jours fameux
Je voudrais voir plutôt les fleuves écumeux
Du sang des combattants se rougir, et l'Attique
Se lever d'un seul bon à la voix frénétique
Du beau Dieu de la guerre!

TISIAS.

                    Inutile embarras :
— Ce serait trop d'honneur...

ALCIBIADE.

                    L'arracher de mes bras!
— Non Tisias.

TISIAS.

Allons, bannissons cette crainte.
— Cette Vierge pourtant que vit naître Corinthe
Est bien belle, dit-on.

ALCIBIADE.

Moins belle que Laïs.
Achille a-t-il quitté sa chère Briséïs
Pour venir allumer le flambeau d'hyménée?
La jeunesse, dis-moi, nous fut-elle donnée
Pour l'enterrer vivante en ce triste tombeau?

TISIAS.

Épouser Hipparète est un sort assez beau.
De grace et de vertus lorsqu'elle est un modèle,
Et dans l'Attique enfin quand il n'est bruit que d'elle,
Pourquoi la fuir ainsi? — crains-tu donc son pouvoir?
Et ne peux-tu du moins consentir à la voir?
Corinthe n'est pas loin. Puis elle est héritière
D'un beau nom, de grands biens : l'Attique tout entière
Verrait cette union...

ALCIBIADE.

Tisias est plaisant.
J'irai sacrifier l'ivresse du présent
A ce froid avenir, à ces instants moroses,

Où , de nos jeunes ans se flétrissent les roses ?
Une ère va s'ouvrir pour mes jours triomphants :
— monter une maison , élever des enfants ,
Puis arroser mes fleurs...

TISIAS.

                    Si c'était là la vie
Qui donne le bonheur ;... tous les biens qu'on envie
Sont peut-être chimère auprès de celui-là.

ALCIBIADE.

Socrate , poursuit donc : — j'écoute , me voilà !

TISIAS , il s'anime.

Mais c'est au moins l'état où l'on trouve du calme
Pour penser à loisir , et remporter la palme.
Dans ce trouble des sens , cette fièvre du cœur ,
On ne connaît plus rien que mollesse et langueur ;
Et , de sa destinée oubliant la noblesse ,
On s'endort enivré de sa propre faiblesse.

ALCIBIADE.

Cher Socrate , un matin je me réveillerai.

TISIAS.

Trop dormir est mal sain.

ALCIBIADE.

       Puis je me marierai ,
Paisible , satisfait , — Bon époux et bon père,
Citoyen vertueux , je pourrai , je l'espère,
Arriver aux grandeurs — afin que mon ami
En ait aussi sa part , — et sans avoir dormi !
Cher Tisias !... Pourtant avant que je m'élève,
Laissez-moi , je vous prie , achever mon beau rêve.
— Quand la sève envahit les plantes et les fleurs ,
Quand renaît le printemps aux riantes couleurs ,
Voudra-t-on que la riche et puissante nature
Arrête son essor — lorsqu'elle se sature
D'air tiède et de rosée !... Et, quand roule d'un mont
Le torrent déchaîné, tout noirci de limon ,
Débordant et gonflé par une nuit d'orage ,
Voudra-t-on opposer une digue à sa rage ?
A l'ardeur de nos sens que font de vains discours ?
La jeunesse est plus forte et veut suivre son cours.
— Laissez-moi parcourir les feuillets de ce livre
Qu'on appelle la vie !... aujourd'hui je veux vivre !
Le soleil est si doux , suspendu dans l'azur !
Enivré de parfums , l'air des bois est si pur !
— Et Laïs est si belle !... Adieu.

TISIAS.

       Quelle folie !

ALCIBIADE.

Je vole chez Laïs ; — au doux sort qui nous lie
J'obéis...

TISIAS.

Un instant! — Alcibiade...

ALCIBIADE

Adieu !

— Regarde, Tisias, n'ai-je pas l'air d'un Dieu?
Ami — « cueillons les jours... » — ce fut votre parole.

Il sort.

SCÈNE VI.

TISIAS, seul.

Arrêtez l'ouragan! — Grand cœur , mais tête folle.
C'est le caméléon qui change de couleur :
Voulez-vous sa gaîté? désirez-vous ses pleurs?
Vous allez à l'instant juger de sa souplesse :
— Il va rire ou pleurer. Est-ce force ou faiblesse?
Je ne sais; mais Socrate en sais faire parfois
Un sage... et puis Laïs à la perfide voix
De tous les libertins le rend le plus aimable.
Le vice ou la vertu, sa nature inflammable
Embrasse et comprend tout. — Laïs, tu l'as repris :
Il faut te l'arracher, il le faut à tout prix.

SCÈNE VII.

TISIAS, TIMON.

TIMON. Il entre sans être vu.

Sans doute il est sorti ; je n'ai trouvé personne.
Le sort en est jeté... sa dernière heure sonne.
Allons l'attendre ici.

Il se cache.

TISIAS.

Par un heureux hasard
Je pourrai tout à l'heure étonner son regard.

Il tire une tablette de sa poche.

Non, ne balançons plus.

SCÈNE VIII.

TISIAS, HIPPARÈTE.

HIPPARÈTE, très émue.

Je cherche Alcibiade ;
— De grace ! est-il ici ?

TISIAS, à part.

Voilà son Iliade
Qui continue, hélas ! — On l'assiége chez lui.

Sa conquête, ma foi, n'est pas mal aujourd'hui.

Haut.

Celui que vous cherchez, je désirerais l'être,
J'en jure par ces yeux... Pourrai-je au moins connaître?...

HIPPARÈTE.

Le mépris se renferme en ces mots, je le sens;
Mais regardez, seigneur, au trouble de mes sens
Si je dois endurer un soupçon qui m'offense?
Et ce trouble cruel n'est-il pas ma défense?
— Ah! ne m'accusez pas!

TISIAS, à part.

                    Feint-elle la pudeur?
Voilà bien, sur ma foi, les airs de la candeur.

HIPPARÈTE, à part.

Je frémis au danger... Mais c'était lui sans doute
Qui précédait mes pas...

TISIAS, à part.

                    Plus je vois, plus j'écoute,
Moins je comprends; pourtant quel que soit le sujet
De sa démarche ici, pour servir mon projet
L'aventure, Laïs, en dépit du mystère,
Contre tes traits vainqueurs prend un bon caractère :

Tiens-toi prête au combat.

Haut.

          La crainte où je vous vois
Est de trop, sur l'honneur! — Ce regard, cette voix,
Ces attraits doux et purs, tout commande l'estime;
Votre présence enfin est ici légitime.
Ami de la maison , s'il est en mon pouvoir
De vous servir, pour moi c'est plaisir et devoir.

HIPPARÈTE.

L'ami d'Alcibiade est tel qu'en ma pensée
Je le rêvais, seigneur. Je me suis avancée,
Mais je le dis encor, — je n'ai pas à rougir :
Seul , un noble motif a pu me faire agir.
Vous calmez la frayeur dont mon âme est saisie,
Et je vais donc user de votre courtoisie :
Faites qu'Alcibiade un instant en ces lieux
Daigne écouter ma voix ; — ensuite que les Dieux
Vous protégent, seigneur.

TISIAS, à part.

          A sa voix éloquente
Pourrait-on rester sourd ? L'aventure est piquante.
— Agissons.

Haut.

     Ma promesse est bien douce à tenir :

Mon ami sort d'ici ; je cours le prévenir.
Mais quelqu'un peut entrer,... craignons la médisance ;
Que ce lieu plus secret cache votre présence.

HIPPARÈTE.

J'obéis.

Elle entre dans un appartement voisin.

SCÈNE IX.

TISIAS, seul.

Que penser ? L'issue est à mes yeux
Incertaine, il est vrai ; mais en attendant mieux
Ta puissance, ô Laïs ! sera donc abdiquée,
— Car je veux aujourd'hui que tu sois démasquée ;
Je cours... Mais le voici.

SCÈNE X.

TISIAS, ALCIBIADE.

ALCIBIADE.

Ses Lares m'ont reçu :
Personne en sa maison ; mon espoir fut déçu.
Je cherchai, j'appelai..... Laïs était absente.

TISIAS

Peut-être qu'elle avait une affaire pressante

A part.   Haut.

Que je soupçonne bien. Mais pour se consoler
On peut lire à défaut de voir et de parler.
Lis donc , — c'est de Laïs.

A part.

Parfois d'une main sûre
On pratique au malade une large blessure
Pour le sauver : — je crois que le cas est urgent.

ALCIBIADE.

Que veut dire ceci? Tu n'es. pas engageant
A ton air. — Lisons , soit.

Il lit haut.

« A l'heure du mystère
« Je resterai ce soir rêveuse et solitaire,
« Espérant que Timon , — Je l'adore toujours! —
« Volera vers Laïs sur l'aile des Amours.
« A Laïs, cher Timon, il est doux ton hommage,
« Car le plus beau des Dieux t'a fait à son image.
— « A ce soir! »

— On m'abuse, on a mis sur mes yeux
Un voile qui les trouble... ô puissance des Dieux!...
Mais non, on inventa cette sotte aventure.

TISIAS.

Eh! relis la tablette.

ALCIBIADE.

Oui, c'est son écriture...
Et tout à l'heure, ici, j'ai vu couler ses pleurs!
De ses lèvres sur moi tombaient comme des fleurs
Des paroles de paix, d'où naît la confiance...
De la ruse infernale elle a donc la science!
— Et moi je l'écoutais, je buvais le poison
Du mensonge odieux et de la trahison!...
— Applaudis-toi, Laïs! enfin le charme opère :
Engeance de malheur! — ô race de vipère!
Que ne sait-on d'abord sous le pied t'écraser,
Dans cet effort puissant dût le pied se briser!
— Honte!... j'ai senti battre un cœur dans ma poitrine,
D'un sage j'ai reçu, j'ai goûté la doctrine...
Et voilà l'homme fort, qui va philosophant,
Le vainqueur, le héros — dupé comme un enfant!
— Mais qui donc t'a donné cette puissance, ô femme!
D'égarer notre cœur — jusqu'à le rendre infâme!
— Un jour cesseras-tu de nous tendre la main
Pour conduire nos pas dans le mauvais chemin?
Un jour cesseras-tu, — car c'est ton lot en somme, —
De charmer, d'enivrer... et d'avilir un homme!!

TISIAS, à part.

Laissons passer l'orage.

ALCIBIADE.

Ah ! je suis fou , vraiment ,
Pour quelques mots tracés de prendre du tourment.
Je rêve, sur l'honneur! — Laïs , est-ce ta faute
Si la raison chez moi ne fut pas assez haute
Pour te savoir juger, — et si je fus un sot,
Séduisante Laïs, en te prenant au mot?
En moi tu trouveras un disciple docile :
— C'est la diversité, c'est le plaisir facile
Qu'il faut suivre et chanter; il n'est point d'autres vœux
A combler ici-bas... Versez dans mes cheveux
Tous les parfums d'Asie , et, qu'aussitôt écloses,
Au myrte de Cypris on ajoute les roses
Sur mon front radieux!... Ce système est divin :
Vive le changement! — Qu'on m'apporte du vin !
Versez!... et jusqu'aux bords que ma coupe s'emplisse!
Respectons le Destin!.. il faut qu'il s'accomplisse...
Allons !

TISIAS.

A part.   Haut.

Voici l'instant. Il semble que les Dieux
Aient voulu t'exaucer. Tout à l'heure tes yeux

Vont avoir ici-même une douce surprise :
Là se cache une femme.

ALCIBIADE.

Ah ! si ce n'est méprise,
Qu'elle soit bienvenue ! — Est-elle, dis-le moi,
Un peu jolie ?

TISIAS.

Elle est à te rendre la foi,
L'amour et le bonheur. — Ouvre donc cette porte.

ALCIBIADE.

D'honneur, je vais l'ouvrir, ou que Pluton m'emporte !

TISIAS.

Heureux Alcibiade ! — Adieu.

ALCIBIADE.

Qu'il est discret !
Il s'éloigne. Voici la porte du secret,
— Ouvrons.

SCÈNE XI.

ALCIBIADE, HIPPARÈTE.

ALCIBIADE.

Ah ! Tisias, je la vis dans un songe ! —

Elle est belle... et ta bouche est pure de mensonge.
— Jeune fille, approchez : pourquoi baisser vos yeux?
Car ils ont, j'en suis sûr, le doux éclat des cieux.
Je ne sais pas encor de quel nom l'on vous nomme,
Mais je sais que Pàris qui décerna la pomme
A Vénus, eût trouvé ce prix mieux mérité
S'il eût pu voir briller toute votre beauté.
Vous venez à propos : — Non, jamais dans mon âme
Je n'ai senti l'ardeur d'une plus vive flamme!
La vie est un jardin,... et nous, les favoris,
Nous saurons en choisir tous les sentiers fleuris...
Nous allons, n'est-ce pas, les parcourir ensemble
Puisqu'un heureux destin aujourd'hui nous rassemble?
— Nous oublierons...

HIPPARÈTE.

                Seigneur, ma présence en ces lieux
Vous dicte ces discours; — mais j'atteste les Dieux
Que j'aurais mérité de ne pas les entendre,
Et que de vous enfin je devais mieux attendre.
La pudeur, croyez-moi, me fut chère toujours...
Connaissant le danger qui menace vos jours,
J'avais songé d'abord à vous envoyer dire
Qu'un complot est tramé, qu'en secret on conspire;
Mais passant par hasard, je vis entrer ici
Un homme dont l'aspect me fit craindre...

ALCIBIADE.

Merci.

A part.   Haut.

Tisias ou Phéax... Je saurai me défendre.

HIPPARÈTE.

Je bénis mon erreur...

ALCIBIADE.

Ce qui doit me surprendre
Ce n'est pas ce péril que vous me désignez ;
Mais d'où vient l'intérêt que vous me témoignez ?

HIPPARÈTE.

Vous êtes l'avenir de notre république.

ALCIBIADE.

Une raison d'État! — la chose se complique.
J'eusse aimé mieux pourtant...

HIPPARÈTE.

Quoi! ne devez-vous pas ,
Neveu de Périclès suivre de près ses pas?
Au nom de votre honneur, au nom de notre gloire ,
Vous le devez, seigneur , — l'avenir et l'histoire
Plus que ma faible voix vous en font un devoir.

— Athènes, ta grandeur, oui j'ose la prévoir :
Elle est entre ses mains!... Mais, ce n'est pas l'envie
Le seul péril à craindre, hélas! dans votre vie :
De ce grand avenir on dit qu'insoucieux,
Vous perdez en plaisirs un temps trop précieux.
De grace, pardonnez à ma voix qui vous crie :
— Ce temps, vous le devez à la Mère Patrie !
Ne lui refusez pas ce qu'elle attend de vous ;
Soyez de ses destins toujours fier et jaloux.
Les Dieux vous ont donné la force, le génie :
Respectez ces beaux dons! — et que votre insomnie
N'ait de cause jamais, — sublime résultat,
Que la prospérité, la gloire de l'État!
La gloire du pays!... elle est aussi la vôtre,
— Et, pour Alcibiade en faudra-t-il une autre?

ALCIBIADE, à part.

Quel langage! quel geste! et qu'elle est belle ainsi!

Haut.

N'aurez-vous donc pour moi que ce noble souci?
J'écoute avec respect; mais ne pourrai-je entendre
Une parole encor moins sévère et plus tendre?
— Ce serait là le comble à ma conversion.

HIPPARÈTE.

J'ai rempli, je le crains, plus que ma mission

Par ces conseils hardis. — Je n'ai plus rien à dire.
Veillez donc sur vos jours... Pardon ; je me retire.

ALCIBIADE.

Vous voir partir ainsi sans connaître le nom
De celle à qui je dois plus que la vie... oh! non,
Cela ne se pourrait. — Je sens que votre vue
A pénétré mon cœur d'une ivresse inconnue... .
Il me semble sortir d'un pénible sommeil ;
— Votre voix me rend fort à l'heure du réveil!
Ah! quel est votre nom? quelle rive fleurie
Devez-vous appeler du doux nom de patrie?
Dites-le, par pitié!

HIPPARÈTE.

              Je n'ai pas de raison
Pour vous cacher, seigneur, le nom de ma maison ;
Ma patrie et mon nom, je les dirai sans crainte :
On m'appelle Hipparète, et je suis de Corinthe.

ALCIBIADE.

De Corinthe! est-il vrai? Je rends graces aux Dieux
Qui m'ont donné de voir un jour si radieux!
Et je rends grace à vous de vous être nommée,
Car je ne connaissais que votre renommée
De beauté, de vertu.

HIPPARÈTE.

Seigneur...

ALCIBIADE.

                              Parlez encor !
Et faites que ce soit plus qu'un beau rêve d'or...
Vous me rendez la foi, l'espoir et le courage ;
Parlez, parlez encore ! — achevez votre ouvrage !
D'un mot et d'un regard, oui vous m'avez vaincu ;
Dissipez à jamais l'erreur où j'ai vécu :
— Malheureux, j'ignorais tout ce qu'a de puissance
Ce trésor de candeur, ce parfum d'innocence...
La lumière jaillit ! — il tombe de mes yeux
Ce funeste bandeau qui me cachait les cieux !
— J'ai connu de l'amour la menteuse apparence ;
Mais vous faites cesser ma trop longue ignorance.
Vous m'apportez la joie et me rendez l'honneur !
— Je sens que le plaisir est moins que le bonheur...
— Voulez-vous, Hipparète, unir nos destinées ?...
Mais les vôtres déjà sont peut-être enchaînées ;
Vous ne répondez rien... Un autre plus heureux
A ravi votre cœur... ah ! ce serait affreux !
— Je frémis, vous voyez, ce soupçon me dévore...
— Si je m'étais trompé, s'il était temps encore,
Et de crainte et d'espoir tombant à vos genoux,

Je vous dirais alors que la vie est à nous,
Que vous pouvez remplir toute mon existence
D'ineffable douceur, d'amour et de constance.
Votre sévère voix m'a déjà transformé :
Un sourire à présent,... et je suis désarmé,
La victoire est complète ! — O cruelle contrainte !
Votre main...

Il veut lui prendre la main.

HIPPARÈTE.

Ma famille est toujours à Corinthe :
Seule, elle peut, seigneur, disposer de ma main.

ALCIBIADE.

Corinthe, dites-vous ! j'en connais le chemin !
Elle est libre ! ô bonheur ! — Tu triomphes, Minerve !
— L'amour et la vertu sont amis.

SCÈNE XII.

LES MÊMES, TISIAS, PHÉAX.

PHÉAX.

Quelle verve !

ALCIBIADE.

Venez, soyez témoins de ma félicité.

PHÉAX.

Que va dire Laïs ? — Ma foi, c'est mérité.

TISIAS.

Nous avons, par Hercule ! emporté la victoire !

ALCIBIADE.

Puisque j'ai le bonheur ! — demain j'aurai la gloire !

SCÈNE XIII.

LES MÊMES, TIMON conduit par des esclaves.

UN ESCLAVE.

Seigneur, voici Timon que nous trouvons armé :
Si c'est un noir projet que son cœur a formé,
Vous pouvez le savoir mieux que nous.

HIPPARÈTE.

                                        Ah ! l'infâme !
C'était lui !

ALCIBIADE.

          Quoi ! Timon, je te croyais une âme :
Tu prenais ma maîtresse, et menaçais mes jours ?
C'était trop, par Hercule ! Il te faudra toujours

En avoir des regrets... car moi je te pardonne!
Tu vois quel châtiment aujourd'hui je te donne,
— Et je te plains, Timon!

TISIAS.

Comment!

TIMON.

Non, punis-moi :
— Je ne puis supporter d'être ainsi devant toi.
Je ne crains pas la mort; tu sais que je l'affronte...
Ce que je crains, c'est d'être écrasé sous ma honte
Devant tant de grandeur, de magnanimité.

ALCIBIADE.

Tu vois, je t'ai puni.

SCÈNE XIV.

LES MÊMES, LAIS.

ALCIBIADE. Il va à Laïs et lui remet la tablette qu'elle a adressée à Timon.

Si ma sévérité

Te paraissait trop faible... eh bien, vois cette femme :
J'ajoute un châtiment, puisque tu le réclame,
— C'est d'être son appui, de lui tendre la main,
De ramener ses pas dans un autre chemin ;

C'est de lui dire enfin ,　— Timon, je te l'ordonne! —
Qu'aujourd'hui comme à toi mon âme lui pardonne.
— Mon bonheur est si grand!

LAIS.

　　　　Demeure en paix , Timon ,
Je marcherai sans toi.

A Alcibiade.

　　　　Quand à votre pardon ,
Je puis vous l'affirmer , il n'a rien qui me touche :
— Recevez pour adieu ce seul mot de ma bouche.

Elle sort.

TISIAS.

C'est Lais tout entière.

PHÉAX.

　　　　Ah! quelle a de beaux yeux!
— la colère lui sied!

TIMON.

　　　　Par le sang des aïeux!
Oui je saurais mourir... Je n'étais pas un lâche :
L'ennemi, sans pâlir m'a vu remplir ma tâche...
Mais je ne croyais pas que mon cœur en ce jour
Serait ainsi fléchi... C'est le plus pur amour
Qui vient de le remplir, et depuis ma naissance

J'ignorais le pouvoir de la reconnaissance.
— Oublie, Alcibiade, hélas ! que j'ai vécu !...
A toi ma vie ! à toi mon cœur ! je suis vaincu !

ALCIBIADE.

Pardonner en ce jour, c'est un bonheur suprême.
— Timon, voici ma main.

HIPPARÈTE.

Ah ! seigneur, je vous aime !

FIN:

Épinal, PINOT et SAGAIRE imp.-lib.

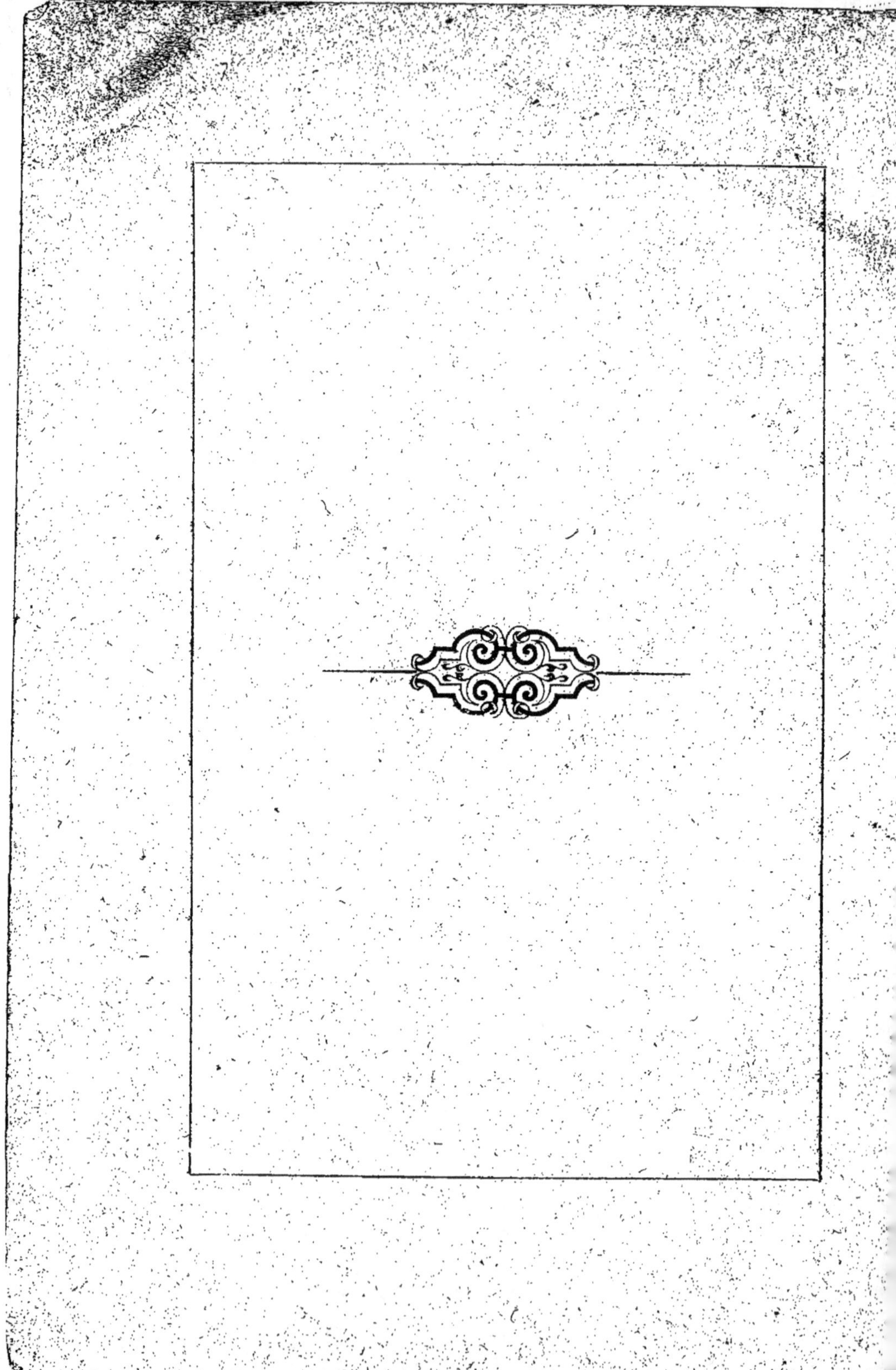

www.ingramcontent.com/pod-product-compliance
Lightning Source LLC
LaVergne TN
LVHW012056030726
842523LV00002B/553